LIZA NEKLESSA (b.1989) is an artist and poet from Moscow, Russia. She has exhibited in many countries, and her work is held in private collections in Boston, Brussels, Geneva, Kyoto, and Moscow. She is the author of the books *A Sieve Filled with Berries* and *A Phenomenology of Death: Some Notes*, as well as of the poetry and art project 'Women's Voice'. Her poetry and prose have been published in journals and literary projects in Russia, the United Kingdom, and Germany. She has been included multiple times in 49ART's ranking of outstanding contemporary Russian artists.

PHILIPPA MULLINS translates from Russian to English. Her translations have been published in *The Denver Quarterly*, *Poetry London*, and the *Russian Oppositional Arts Review* (*ROAR*). She lives in Yerevan, Armenia.

РЕШЕТО С ЯГОДАМИ

A SIEVE FILLED WITH BERRIES

Liza Neklessa

translated by Philippa Mullins

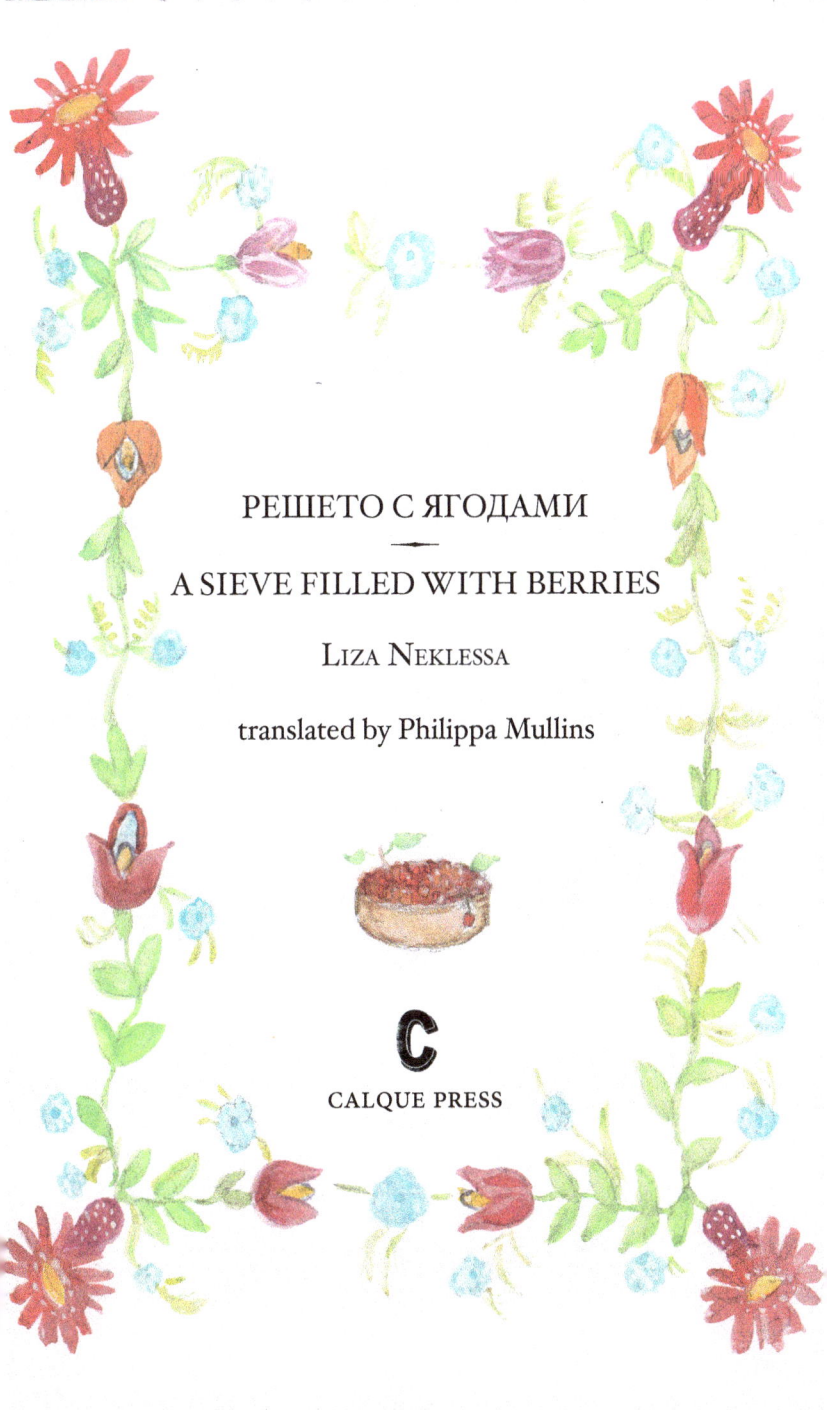

CALQUE PRESS

Text and Illustrations © Liza Neklessa 2023
Translation © Philippa Mullins 2023
Cover design © Vince Haig 2023
Edited and Typeset by Calque Press
Proofreading by Dan Coxon
http://calquepress.com
ISBN 978-1-9162321-5-0
Type: Hoefler Text
British Library Cataloguing-in-Publication Data
A catalogue record for this book is available from the British Library
The right of Liza Neklessa to be identified as author of this work has been asserted in accordance with Section 778 of the Copyright, Designs and Patents Act 1988
Calque Press
An Imprint of Nevsky Editions Ltd.
2023

All rights reserved. No part of this publication may be reproduced, storedin a retrieval system, or transmitted in any form or by any means, electronic, mechanical, photocopy, recording or otherwise, without prior written permission of the copyright holders. Nor can it be circulated in any form of binding or cover other than that in which it is published and without similar condition including this condition being imposed on the subsequent publisher.

CONTENTS

Решето с ягодами
    A sieve filled with berries   7

Лето
    Summer   15

Сад
    Garden   45

РЕШЕТО С ЯГОДАМИ

A SIEVE FILLED WITH BERRIES

1.

Если сжать спелую сливу рукой
То польётся сок
Словно в таинственной тени библейского сада
Влага течёт, огибая пальцы
На запястье остаются засохшие разводы

Твои волосы — гречишные поля
Ты словно вышла из сказов Бажова
И робко встала у березы с блюдом, полным лесных ягод
У тебя березовые прозрачные глаза
Ягоды превращаются в самоцветы и наоборот
Рубины вместе с росой дрожат на веточках сада

1.

Squeeze a ripe plum tight in your hand,
Juice pours out,
Like in that Biblical garden's secret shadows,
Fingers close tight, moisture runs,
Dries to streaks on the wrist.

Your hair a field of buckwheat,
Like you stepped out of Bazhov's fairy tales,
Shy by a birch with a dish full of forest berries,
You have birch-clear eyes.
The berries turn to gems, back to berries.
Rubies and dew tremble on the twigs.

Вечером в лесу идёшь босиком по ковру из сапфиров
Искрится и мерцает весь бескрайний тёплый согретый черничный лес
Искрятся твои глаза

2.

В этот ясный сентябрьский день
Думаю о тебе
Твоё имя раскрывается, словно нежный желтый цветок
Золотая лилия из бабушкиного палисадника
На чьих лепестках блестят капельки росы.

At evening in the woods, you walk
    barefoot on sapphires,

The boundless, sun-warmed, hot
    blueberry woods gleam and
    shimmer,

Your eyes gleam.

2.

On this clear September day,

I think about you.

Your name unfolds like a soft yellow
    flower,

A golden lily from a grandma's
    garden,

Drops of dew shine on its petals.

Ольга, Вольга — твоё имя несётся над широкой рекой
Над ее лесистыми краями
Словно кто-то окликает тебя с другого берега

Вижу солнечный луг и тёплый согретый еловый лес
Словно с высоты полёта
Словно во сне
Имя твоё — беспечная птичка-синичка
С жёлтой грудкой
Несётся над ними
Словно кто-то певуче зовёт тебя
Из дальних цветущих пустых оврагов
Эхо отдаётся в раскалённых соснах

Olga, Volga—your name carries over the wide river,
Over its wooded edges.
As if someone called you from the other bank.

I see the sunny meadow and the hot pine wood,
From above in flight,
As if in a dream,
Your name a carefree little bird,
With a yellow breast,
It flies above us,
As though someone called you, singsong,
From the flowering emptiness of distant ravines.
The echo resounds in the burning hot pines.

ЛЕТО

SUMMER

1.

Твои чудесные глаза
Искрятся и щурятся,
Колеблются, словно серебряная ткань на солнце,
Словно вода двух небольших продолговатых прудов
В барвихинском дачном содружестве—
Тех, за двумя раскалёнными от солнца, согретыми летом дубами.
Всю зиму они ждали этого,
Ждали прикосновения тёплых летних рук
К своим стволам,
К поверхности серой воды.
В июне, на солнце
В ней появились золотые искорки,
Это лучи достигли дна
И осветили всплывающие песчинки.

1.

Your glorious eyes

Gleam and screw up,

Shimmer like silver fabric in the sun,

Like water in the two little oblong ponds

At the Barvikha dachas—

Those ponds behind the two oaks burning hot in the sun, heated by summer.

All winter they waited for this,

Waited for the touch of warm summer hands

On their trunks,

On the grey surface of the water.

In June, under the sun

Golden sparks appeared in the water,

Where the rays reached the bed

And illuminated shifting grains of sand.

В твоих чудесных серых глазах я чувствую что-то родное и тёплое,

Мы с тобой, в красных платьях, взявшись за руки, сбегаем по косогору,

Обнимаемся в колосках редкой пшеницы,

Фотографируемся на стогах,

Боимся жужелицы:

Если заснёшь в стогу, она заползёт в ухо и останется там жить—

В детстве предупреждала Августа Андреевна,

Чудесная старушка из квартиры напротив,

Чей дом напоминал музыкальную табакерку.

In your glorious grey eyes, I feel something dear and warm:

You and I, in red dresses and holding hands, running off along the hillside,

Embracing in the spikelets of thin-sown grain,

Taking photos of ourselves on the haystacks,

Scared of ground beetles—

If you fall asleep on a haystack, one will crawl in your ear and live there,

Avgusta Andreevna warned us when we were little,

That wonderful old lady who lived opposite,

Whose house was like a musical tobacco box.

О чем ещё, таком тёплом и родном,

Мне расскажут твои счастливые глаза,

Искрящиеся, как два хризолита?

Может быть, ещё о нашем первом лете,

Как мы лежали в низеньких зарослях земляники,

Взявшись за руки,

И твоя юбка в цветочек

Полностью сливалась с цветами луга?

Ты словно выступала из него,

Словно полевая, луговая Венера,

Из зарослей пахучего клевера,

Из помятой и потекшей сладкой земляники,

Из липких стебельков подбела и подмаренника,

Из нежных ромашек.

What other things, what warm dear things
Will your happy eyes tell me,
Shining like two dim-green chrysolites?
Maybe they'll tell me about our first summer,
How we lay in low thickets of wild strawberries,
Holding hands,
How the flowers on your skirt
Blended completely with the meadow flowers?
As though you emerged from them
Like a Venus of fields and meadows,
Appearing from thickets of fragrant clover,
From rumpled and juice-run wild strawberries,
From sticky stems of butterbur and bedstraw,
From sweet daisies.

Твоя нежная грудь и плечи,
позолоченные солнцем,
выступали из цветов, словно
из пены,

Твои руки в браслетах уверено,
ритмично и методично резали
колбасу и бородинский хлеб,

Неподалёку воскуривался мангал,
словно треножник,

И куски замаринованной
свинины ждали своего часа,
словно жертвенные животные.

Земляничный сок, размазанный
по коже,

Оставляет яркие и смелые мазки

Your sweet chest and shoulders, golden in the sun, emerged from the flowers, as from seafoam,

Your bracelet-hung wrists surely, rhythmically, melodiously cut sausage and dark bread,

Nearby a grill sent up smoke, a three-legged altar,

And sacrificial chunks of marinated pork awaited their hour.

Wild strawberry juice, smeared on the skin,

Leaves bright bold strokes.

2.

Земляничный сок, размазанный по коже,

Оставляет яркие и смелые мазки.

Раздавленные ягоды оставляют свой длинный алый след,

Словно кометы, —

На бёдрах, плечах и боках,

Покрасневшим ладоням

Не получается его стереть.

Зелёный и красный — основные цвета этого лета,

Зелёный — цвет листвы и лугов, определяющий летний цвет,

Красный — его антипод,

В этом свете твоё тело в красном платье на пышной траве

Приобретает какую-то особую весомость и значимость.

2.

Wild strawberry juice, smeared on the skin,
Leaves bright bold strokes.
Crushed berries leave their long scarlet trail,
Like comets,
On hips, shoulders, flanks,
Reddened palms
Can't wipe them off.
Green and red were the colours of that summer,
Green the colour of leaves and meadows, summer's defining colour,
Red its counterpart.
In that colour your body in a red dress on the luxuriant grass
Takes on particular weight and significance.

Мягкий луговой клевер
Растираю пальцами,
Вдыхаю его нежный травянистый запах.
Все вокруг до предела нагрето солнцем,
Ягоды и цветы изо всех сил расточают свои ароматы,
И кончик языка начинает дрожать от ожидания.

Зимой я выношу тело за скобки,
Практически вычитаю его,
Оно живет, как бледный безвольной моллюск в раковине тёплых одежд,
Летом не то,
Летом оно наполняется зноем,

I rub the soft meadow clover
Between my fingers,
Breathe its sweet grassy smell.
Everything all around is warmed through by the sun,
The berries and flowers striving to lavish their scents;
The tip of my tongue trembles with anticipation.

In winter I bracket off my body,
Cancel it out,
It lives like a feeble pallid mollusc in a shell of warm clothes,
In summer though,
In summer it fills with torrid heat,

Я смотрю на свои руки и бёдра, словно не видела их всю зиму,
Узнаю изменения, появившиеся в них за этот год,
(Или с удовлетворением отмечаю, что все осталось по-прежнему).

Все осталось по-прежнему,
Здесь те же раскалённые сосны с пышной кроной, стоящие поодиночке,
Те же сараи около домиков вдалеке,
Тот же рыжий пушистый кот отдыхает на той же заросшей крыше,
Но теперь мы здесь с тобой,
Наши руки сплетаются вместе с браслетами и травинками,
А плоть зовёт, тягуче зовёт к чему-то—

I look at my hands and hips as though I've not seen them all winter,

Learn the changes they've undergone this year,

(Or note with satisfaction that everything has stayed as it was).

Everything has stayed as it was,

Here the same burning-hot pines with their luxuriant crowns, each standing alone,

In the distance the same barns with their little houses,

The same fluffy ginger cat asleep on the same overgrown roof,

But now you and I are here together,

Our hands woven together with bracelets and blades of grass,

But the flesh calls, unhurriedly calls for something —

Расслабится в апофеозе лета,

Предлагает искупаться в красной закатной реке,

Полежать после на красном лугу под бордовым небом, раскатившимся на весь небосклон,

Словно гигантская роза,

Под одинокой сосной,

Лежать, держа друг друга пальцами за запястья,

Сохранять связь в этом празднике урожая, плоти, красного цвета, любви.

Relaxing in the apotheosis of summer,
It suggests a bath in the sunset-red river,
And lying afterwards under the crimson sky on the red meadow that sweeps up to the horizon itself,
Like a gigantic rose,
Lying under the lonely pine,
Lying, fingers on each other's wrists,
Connected in this festival of harvest, flesh, red, love.

3.

Тело раскрывается,
Раскрываются его лепестки,
Сердцевинка-сердце —
 распахивается навстречу алому небосклону,
По которому быстро-быстро бегут порванные сизые облака.
От того момента, как я тебя впервые поцеловала,
Я помню только сирень,
Это было возле ее куста,
И парк
Судорожные поиски пустого двора,
Но по сути я не помню ничего,
Кроме набегающей радостной волны,
А дальше провал

3.

The body unfolds,
Unfolds its petals,
Its kernel heart bursts open to meet
    the scarlet horizon,
Where torn blue-grey clouds run
    quick-quick along.
I only remember lilacs,
From the moment I first kissed you,
It was by that bush,
And the park
Convulsive search for an empty
    yard,
Actually, I don't remember anything,
Except the wave of joy rushing in,
And then nothingness.

И нежный-нежный звон желания
Освещал наш ночной взъерошенный куст,
Вставая над ним,
Словно золотая радуга.

4.

Впервые я поцеловала тебя в сирени,
Я помню ее запах, это было в ней,
В чёрном дворике на Таганке.
Ты склонила голову мне на плечо, словно в сказке,
Лиловые соцветия лезли в твои волосы и прорастали сквозь них,
Совпадая с цветом твоих глаз.

And the sweet, sweet ringing of desire
Lit up our night-time lilacs,
Stood above them
Like a golden rainbow.

4.

I first kissed you in the lilac,
I remember its smell, we were right by it,
In a dark little yard near Taganka.
You bowed your head onto my shoulder, like in a fairy tale,
Lilac blooms climbed into your hair and wove through,
The same colour as your eyes.

Сирень росла и ползла отовсюду,
Прорастала между руками и телом, над плечами,
Словно тоже стремилась целоваться,
Словно сам куст пришёл в движение от нашего поцелуя

Позже
Мы сидели в маленьком игрушечном домике на детской площадке,
На высоком шесте,
Так символично,
Две лесбиянки в закрытом со всех сторон радостном домике,
Вокруг которого ходят люди и летают чёрные тени машин

Lilacs grew everywhere, crept from everywhere,

Growing among hands and bodies, over our shoulders,

As though it too strained for a kiss,

As though the lilac itself were set in motion by our kisses.

Later

We sat in the little house in the children's playground,

On a high perch,

So symbolic,

Two lesbians in a tiny joyful home shut off on all sides;

People stroll outside, black shadows of cars fly past.

5.

Жасмин, сирень, жимолость —
Все кусты, в которых мы целовались, оживали,
И сами тянули свои цветочные уста из лепестков
К нашим горячим губам.
Все были предсвадебно украшены,
Глядя на жасмин, я поняла,
Откуда взялась традиция
Украшать женихов и невест,
И как это, по сути, просто.
Но мне не хотелось бы целоваться с цветами,
Даже если бы тебя не было рядом.

5.

Jasmine, lilac, honeysuckle—
All the bushes where we kissed
 came to life,
And stretched their floral lips from
 the petals
Towards our own burning lips.
Everything was set up, decorated for
 a wedding,
I looked at the jasmine, and knew
Where it comes from, this tradition
Of beautifying bride and groom
 with flowers;
How obvious it is.
But I would not have wanted to kiss
 the flowers,
even if you had not been next to me.

Цветы — слишком хрупкие и беззащитные,

Как понять их волю?

Как ощутить согласие цветка

На нежность, симпатию, поцелуй?

В редких-редких случаях можно ощутить разделяемую растениями с тобой радость,

Если, конечно, все это вообще не антропологический конструкт

Flowers are too fragile, too defenceless:
How can you know their will?
How can a flower consent
To sweetness, affection, a kiss?
Seldom, so seldom, can you share a flower's joy,
Of course, if such joy isn't just an anthropological construct.

САД

GARDEN

I.

Когда я думаю о тебе,
Я скучаю,
Чувствую себя треснувшей и потёкшей спелой сливой,
Чей сок течёт по ладони, огибая пальцы,
От сахаристой влаги остаются сладкие темные разводы.
Когда я скучаю,
То всегда возвращаюсь мыслями в чащу нашего сада,
Где, среди влажной от вечерней росы травы,
На полузасохших от недостатка света ветках,
И таятся спелые, сочные сливы,
Словно синие огоньки, фонарики,
В вечерней глубине участка.

1.

When I think about you,
I miss you,
I feel like a split, juice-run, ripe plum,
Its juice running along the palm, as fingers close tight,
The sugary moisture leaves sweet, dark streaks.
When I miss you,
My thoughts always turn back to our garden,
Where, on the dew-wet evening grass,
Or on the branches wizened in the shade,
Hide ripe, juicy plums,
Like dark blue flames, lanterns
In the evening depths of the garden.

Я люблю бархатистый отлив этих плодов,
Мы трясли деревья,
Я прижималась к стволу близко-близко,
А потом начинала резко толкать его, крепко обняв.
Ты в этом время наблюдала за дождем падающих слив,
Запоминала места, где они оказались.

Эта, например, попала в сердцевину трухлявого пня,
А эта закатилась в ложбинку,
Те, какая жалость — отлетели в садовую бочку

I love the velvet ebb of these fruit.
We were shaking the trees:
I pressed myself so close up to the trunk,
And when I held it tight, started to push it away.
And you observed the rain of loosened plums,
Remembering where they landed.

That one there went into the heart of a rotting tree stump,
And that one rolled into a hollow,
And those—such a pity—flew into a garden barrel.

Нет ничего приятнее, чем собирать спелые мягкие плоды
Вдвоём,
Перекрещивая руки, тянущиеся каждая за своим.
Синие-синие корзинки
Вечером будут стоять на веранде,
Исторгая душный сладкий аромат
И приманивая маленьких цепких ос.

Когда наш дом полностью погрузится в темноту,
В окружении полузасохших корявых садовых деревьев
И поднявшихся выше их елей,
Шумящих в вечернем небе,
Кажется, что звезды сверху сыпятся на наш дом,
Словно спелые сливы

There is nothing better than
   gathering the ripe soft fruit
Together,
Arms crossing, each stretching after
   our own choice.
In the evening, the dark-dark blue
   baskets
Will stand out on the porch,
Lavish with their choking, sweet
   aroma;
Luring the small clinging wasps.

When our house sinks completely
   into darkness,
Surrounded by wizened, gnarled
   garden trees
And the pines that rise up beyond
   them,
Rustling in the evening sky,
It seems the stars scatter down onto
   our house,
Like ripe plums.

2.

Ягоды уже забродили на солнце,
Превратились в домашнее подмосковное вино,
Твои уста перемазаны этим вязким, липким соком,
Который смешался с твоей поплывшей помадой.
Синтетический и природный вкус и запах
Объединились в одно,
Как и мы,
Две девушки в синтетических кофточках,
В буйстве глянцевой зеленой листвы.

2.

The berries began to ferment in the sun,
Turned to Moscow wine,
Your lips are smeared with that viscous, sticky juice,
Mixed with your faded lipstick.
Synthetic and natural, tastes and smells
All joined into one,
Like us too,
Two women in synthetic blouses,
In a riot of glossy green leaves.

Ты тянешь рот к ягоде,
Надеясь сорвать ее прямо с куста,
Твои губы уже начинают слегка дрожать от нетерпения,
Затрепетала и сама невысокая вишня,
От страха или предвкушения.

Но вдруг, слегка опалив твои губы,
Промелькивает острая быстрая оса,
Словно маленький полосатый боинг.
Победно восседает на искомую и желанную ягоду,
Покоряет ее себе,
Словно маленькую планету,
И начинает трудиться,
Засучивая рукава.

You stretch your mouth to the berry,
To rip it right from the bush,
Your lips begin to tremble,
The lowest sour cherry quivers too,
In fear or anticipation.

But suddenly, slightly searing your lips,
A sharp, swift wasp flashes by,
A little striped Boeing.
He lands victoriously on the sought-after, coveted berry,
Claims it for himself,
Like a small planet,
And begins to toil,
His sleeves rolled up.

В сложный коктейль на твоих губах

Примешивается малая доза осиного яда.

Тут замечаю, что твои губы выглядят слегка припухшими.

От яда ли? Укусов? Поцелуев?

Или мозолей от спелых, дрожащих в лучах света

Черных владимирских вишен?

A small dose of wasp poison mixes
In a complex cocktail on your lips.
Your lips are swollen.
Poison? Bites? Kisses?
Or blisters from the black Vladimir cherries—
Ripe, trembling in the light?

3.

На рассвете,

Который, словно самый ранний весенний палевый тюльпан,

Сейчас раскрывается в нашем саду,

На красно-зелёный куст смородины,

Украшенный ягодами, словно нитками бус,

Слетаются пёстрые крупные птицы

В белую и чёрную крапинку.

Они громко клекочут, переговариваясь друг с другом,

Не подозревая, что мы слышим их из спальни,

Со второго этажа,

Сквозь тонкую солнечную занавеску.

3.

At dawn—
Which, like the earliest yellow
    springtime tulip,
Unfolds in our garden—
Big, blotched birds flock together
In a speckle of black and white
On the red-green currant bush,
Decorated with berries like
    threaded beads.
They screech loudly, chatter,
Not guessing we hear them from the
    bedroom,
From the first floor,
Through a gauzy curtain of
sunshine.

Куст ощерился сидящими на нем дроздами,

Ритмично нагибающими и запрокидывающими головы,

Чтобы проглотить маленькую граненую ягодку.

Когда мы были девочками, то играли,

Что ягоды — это разноцветный жемчуг,

И мы обладательницы несметных сокровищ.

Украшали себя и с наслаждением их глотали,

Воображая, будто глотаем самоцветы или драгоценные камни —

Как богатые люди пьют напитки с пластинками золота —

С наслаждением запрокидывали горло, как эти большие птицы.

The bush snarls with thrushes,

Rhythmically bending and throwing back their heads,

To swallow the small, faceted berries.

When we were little girls, we would pretend

The berries were rainbow pearls,

And we the owners of countless treasures.

Decorating ourselves, with pleasure swallowing them down,

As though we were swallowing gems or precious stones—

The rich take gold leaf in their drinks—

With pleasure throwing back our heads, like those big birds.

Куст сейчас — словно сюжет петриковской росписи,
Райские птицы на чудном дереве,
Весь пылает жизнью

Однажды в мае я сажала семена на грядках,
Потом оглянулась — за мной следом шла тяжелая красивая кукушка,
Выклевывая посаженные семечки из земли.
Мне показалась она маленьким рыжим павлином,
Единственный раз я видела ее так близко,
А не просто слышала ее гулкий одинокий зов в пустом бору

The bush is a bright folk painting now,
Birds of paradise on a wondrous tree,
Ablaze with life.

Once in May, I was planting seeds in the garden,
And I looked back—behind me was a beautiful, heavy cuckoo,
Plucking the planted seeds out of the earth.
She seemed like a little redhead peacock,
It was the only time I saw her so close,
And did not just hear her lonely call in the empty pinewood.

Птицы качают куст
Своей тяжестью

Не склёванные ягоды
Осыпаются вокруг растения в чернозём
И лежат там
Словно потерянный с вечера длинный красный кушак

The bush rocks
Under the birds' weight.

The uneaten berries
Fall around the plant onto the rich
    black soil,
And lie there,
Like, lost one evening, a long red
    sash.

This book was sent to print on 12.2.23, anniversary of the birth in 1881 of the ballerina Anna Pavlova, who kept swans as pets.

www.ingramcontent.com/pod-product-compliance
Lightning Source LLC
Chambersburg PA
CBHW041311110526
44590CB00028B/4324